Impressum

Velbi entdeckt die Luft
Band 1

Coverfotos: Sylvia Nitsche, Fotolia/panther
Velbi: Sylvia Nitsche (Entwicklung und Fotos)
Fotos: Sylvia Nitsche (8, 9, 10, 11, 12, 15, 16, 17, 18, 24, 25, 26, 27),
istockphoto (13, 21, pezzetto13 (20), Wariatka (28),
Gomez (29)), Fotolia/panther (12)

Geschichten: Sabine Stehr
Sonstige Texte: Ulrike Berger

Redaktion: Ulrike Berger, Susanne Weisser
Layout: Anja Schmidt Design
Illustration: Dorothea Tust
Repro: Meyle & Müller, Pforzheim
Druck und Bindung: Himmer AG, Augsburg

ISBN 978-3-8411-0056-6
Art.-Nr. VB110056

© 2011 Christophorus Verlag, GmbH & Co. KG, Freiburg i. Br.
Alle Rechte vorbehalten

www.christophorus-verlag.de

Experimente
Velbi entdeckt die Luft

Mit Vorlesegeschichten

velber kinderbuch

LUFT IST ÜBERALL

Was ist das, Luft?

Endlich Sommerferien! Tom und Tara haben tausend tolle Ideen, was sie in dieser Zeit alles zusammen machen wollen. Gerade pusten sie bunte Seifenblasen in den blauen Sommerhimmel. Ob es eine bis in die Wolken schafft?

Tara pustet kräftig. Doch ihre bunt schillernden Kugeln schweben nur bis zum Grashügel gegenüber.
Dort passiert allerdings etwas Seltsames. Zwischen den Halmen landet auf einmal ein kleines, silbriges Raumschiff!

Die Tür öffnet sich und ein freundlich aussehendes, rotes Wesen streckt seinen Kopf heraus.

Tom und Tara nähern sich neugierig. Eine große Seifenblase schwebt auf das Raumschiff zu. Der kleine Außerirdische betrachtet sie ängstlich.

„Hilfe, eine Kometenkugel!", ruft er erschrocken.

„Das ist nur eine Seifenblase", erklärt Tara.

Trotzdem schlägt sich der kleine Kerl die Hände vors Gesicht. „Das Seifending wird mein Raumschiff zerstören!", ruft er entsetzt. Aber als die Blase das UFO erreicht, zerplatzt sie einfach, ohne dass etwas passiert.

„Siehst du, da ist nur Luft drin", sagt Tom. „Kennst du keine Seifenblasen?" Das Wesen schüttelt den Kopf.

„Wer bist du eigentlich?", möchte Tara wissen.

„Ich bin Velbi vom Planeten Knetonia." Und dann erzählt Velbi, dass er eine Entdeckungsreise auf die Erde macht, weil es hier so viele spannende Dinge gibt. Von Luft zum Beispiel hat er noch nie etwas gehört.

„Wo ist dieses Luft-Zeug denn hin, das eben noch in dem Schimmerball steckte?"

„Es ist hier überall", sagt Tara. Velbi blickt sich um. Er tastet mit den Händen und streckt die Zunge raus. Er kann nichts sehen; auch nichts fühlen oder schmecken.

„Luft ist unsichtbar, aber trotzdem da", sagt Tom. Wie sollen sie das dem kleinen Außerirdischen nur erklären? Tom und Tara überlegen. Zum Glück hat Tara dann eine Idee, wie man Luft sichtbar machen kann.

Gemeinsam gehen die drei zu Tom und Tara nach Hause. Sie wollen Taras Ideen gleich ausprobieren!

Machst du mit?

MACH MIT!

Ein Glas Luft, bitte!

Du brauchst:
- ein großes Gefäß mit Wasser
- zwei Gläser

Fülle das große Gefäß mit Wasser. Nimm eines der der beiden Gläser und drücke es schräg unter Wasser, sodass es sich mit Wasser füllt. Nimm jetzt das andere Glas und drücke es kerzengerade nach unten, sodass kein Wasser hineinkommt. Halte nun das „Wasserglas" mit der Öffnung schräg nach unten. Kippe dann ganz vorsichtig das „Luftglas", so wie es auf dem dritten Bild zu sehen ist.

Was passiert?
Die Luft steigt aus dem „Luftglas" nach oben in das „Wasserglas"! Jetzt kann auch Velbi die Luft sehen.

Das Wasser in der Brille
Beim Tauchen kann es passieren, dass Wasser in die Taucherbrille gerät. Richtige Taucher kennen da einen Trick: Sie nehmen die Brille ab und pusten von unten hinein. Die Atemluft verdrängt das Wasser.

MACH MIT!

Der trockene Taucher

Du brauchst:
- ein Glas
- eine Schüssel mit Wasser
- Seidenpapier

Knülle das Seidenpapier zusammen und stecke es in das Glas. Tauche dann das Glas mit der Öffnung nach unten kerzengerade bis auf den Boden der Wasserschüssel. Ziehe dann das Glas wieder aus dem Wasser.

Was passiert?
Luft ist unsichtbar. Trotzdem braucht sie Platz. Dinge können mit Luft gefüllt sein. Im Glas war also nicht nur Papier, sondern auch Luft. Deshalb ist kein Platz mehr für das Wasser. Das Papier bleibt trocken.

Taucherglocken

Die ersten Taucher tauchten mit einer Taucherglocke. Die Taucherglocke kannst du dir vorstellen wie einen Helm. Dieser Helm war mit Luft gefüllt, sodass kein Wasser mehr hineinpasste. Von oben kam durch einen Schlauch immer frische Luft in den Helm. Auf diese Art konnte der Taucher auch unter Wasser atmen.

FRAG NACH

Stell dir vor, du gießt Apfelsaft, Orangensaft, Cola und andere Getränke zusammen. Dann entsteht ein Gemisch aus verschiedenen Flüssigkeiten.

Woraus besteht Luft?

Unsere Luft ist auch ein Gemisch. Sie besteht aber nicht aus unterschiedlichen Getränken, sondern aus verschiedenen, unsichtbaren Gasen. Eines dieser Gase heißt Sauerstoff. Tiere, Menschen und Pflanzen brauchen ihn zum Leben.

Warum müssen wir atmen?

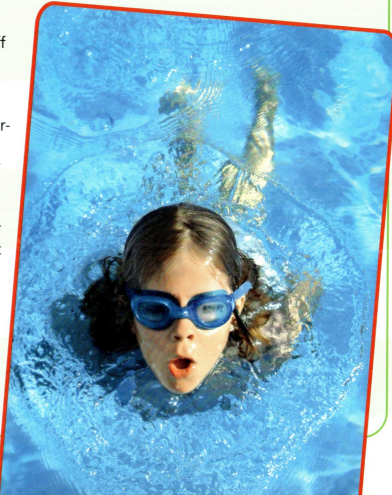

Mit jedem Atemzug atmen wir Sauerstoff ein. Der Sauerstoff strömt in die Lunge und von dort in unser Blut. Das Blut verteilt den Sauerstoff im ganzen Körper. Der Sauerstoff sorgt dafür, dass Wärme im Körper entstehen kann und dass wir genug Kraft haben, damit unser Herz schlägt. Wenn wir ein paar Sekunden lang nicht einatmen, wie zum Beispiel beim Tauchen, ist das kein Problem. Aber wenn wir länger als zwei oder drei Minuten nicht atmen, kann das gefährlich werden.

LUFTDRUCK

Es drückt gewaltig!

Heute geht es in die Berge. Juchuu! Dort waren Tom und Tara noch nie. Bei diesem Ausflug darf Velbi natürlich nicht fehlen. „Tolle Berge!", ruft Tom vom Auto aus. „Blöde Berge!", stöhnt er eine Stunde später, als sie den geschlungenen Pfad zur Bergspitze hinaufmarschieren.

„Sind wir gleich oben?", jammert Tara. „Meine Beine sind schon wie Wackelpudding."
„Und meine Füße fallen gleich ab", japst Tom.

„Ach herrje!", ruft Taras Vater lachend. Aber dann schlägt er vor, das letzte Stück mit der Seilbahn zu fahren. Die Kinder sind begeistert.
Bei der nächsten Bergstation steigen sie in einen Kabinenwagen.
Neugierig kleben Tara, Tom und Velbi an der Scheibe und beobachten, wie unter ihnen alles kleiner wird. Doch plötzlich springt Velbi auf.
„Da ist was in meinem Ohr!", ruft er erschrocken. „Etwas, das knackt."
Er steckt seine roten Finger in die Ohren und wackelt mit dem Kopf, aber es wird nicht besser.
„Keine Sorge, das kommt vom Luftdruck", beruhigt ihn Taras Vater.
„Wieso drückt mich die Luft denn?", fragt Velbi.
„Ich hab ihr doch gar nichts getan!"
„Und warum hört es sich an, als hätte jemand Watte in meine Ohren gesteckt?", möchte Tom wissen.
„Und wieso gibt es zu Hause nicht so ein Ohrengeknackse?", fragt Tara.
„Ihr stellt ja Fragen!", lacht ihr Vater und zuckt mit den Schultern. „Da muss ich mich erst mal schlaumachen."
Am Wochenende bereitet er ein paar Experimente vor.

Hilfst du mit?

MACH MIT!

Schweben wie auf Wolken

Du brauchst:
- einen starken Föhn
- einen Tischtennisball

Halte den Fön mit der Öffnung nach oben und schalte ihn ein. Setze dann den Tischtennisball vorsichtig in den warmen Luftstrom.

Was passiert?
In der Mitte des Luftstroms, der aus dem Föhn kommt, herrscht ein geringer Luftdruck. Der Ball wird fast hier hineingesaugt. Deshalb sieht es so aus, als würde er in der Luft schweben.

Tipp: Noch besser klappt dieses Experiment, wenn du die Öffnung des Föhns mit einer Klopapier-Rolle verlängerst.

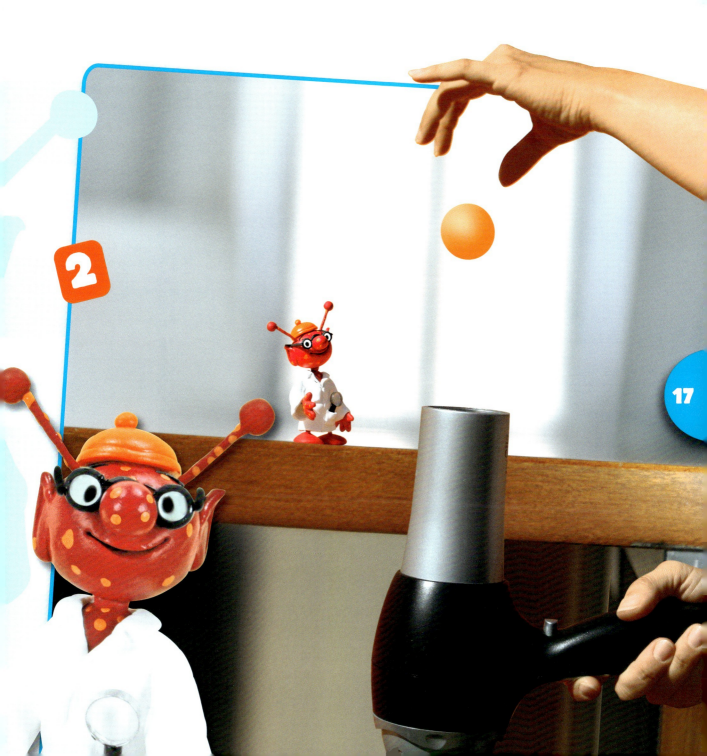

MACH MIT!

Luft als Klebstoff

Du brauchst:
- einen Luftballon
- ein Glas

Halte den Luftballon in das Glas und blase ihn auf. Wenn du nicht mehr weiterblasen kannst, hebst du den Luftballon hoch.

Was passiert?
Beim Aufblasen schiebt der Luftballon alle Luft aus dem Glas. Dabei wird er fest an den Glasrand gedrückt. So fest, dass er ohne Probleme das Glas halten kann – es wird nicht herunterfallen!

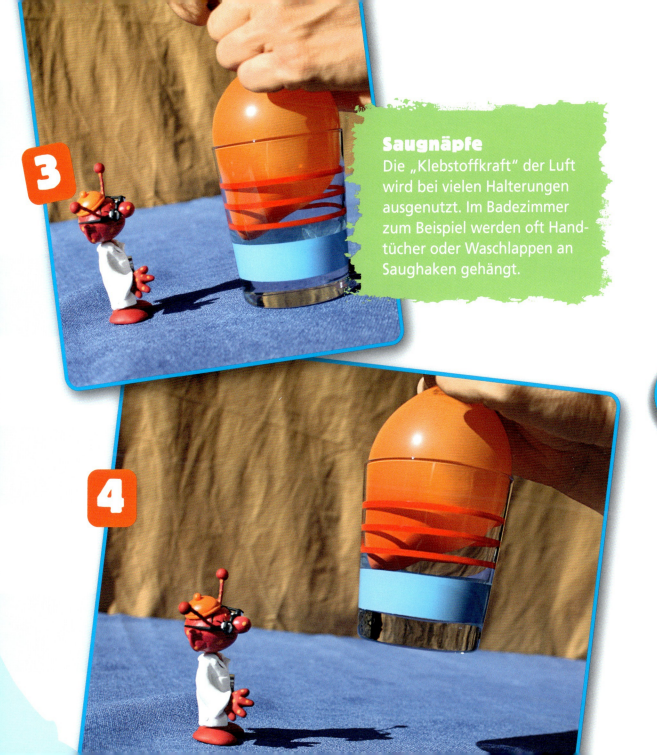

Saugnäpfe
Die „Klebstoffkraft" der Luft wird bei vielen Halterungen ausgenutzt. Im Badezimmer zum Beispiel werden oft Handtücher oder Waschlappen an Saughaken gehängt.

FRAG NACH

Welche Tiere haben Saugnäpfe?

Die Natur ist voll mit Saugnäpfen. Bei einem Wasserkäfer zum Beispiel saugen sich die Männchen mit ihren Füßen am Panzer der Weibchen fest. Im Meer hängen sich manche Fische mit einer Saugplatte an größere Tiere und lassen sich von ihnen ziehen.

Kraken besitzen sogar Hunderte von Saugnäpfen an jedem Arm! Das Geniale ist: Kraken können jeden einzelnen Saugnapf ganz gezielt festsaugen. Auch die Größe dieser Saugnäpfe kann enorm sein: Beim Riesenkalmar werden sie bis zu 24 Zentimeter groß – größer als dieses Buch!

Aber irgendwann ist das zu langweilig. Da hat Tara eine Idee.
„Wie wäre es, wenn wir Drachen bauen? Bei dem Wind fliegen die sicher super."
Tom ist ganz begeistert. Velbi auch, obwohl er keine Ahnung hat, was ein Drachen eigentlich ist.
Zwei Stunden später ist er schon wieder ein Stück schlauer – und obendrein hält er seinen ersten, eigenen Drachen in der Hand. Als sich der Regen verzogen hat, stürmen die drei hinaus.
„So, nun lassen wir die Drachen steigen!", ruft Tom.
„Aber das geht doch nicht. Wir haben den Motor vergessen", sagt Velbi.
„Den brauchen wir nicht", ruft Tom und läuft in eine Windböe hinein. Fix klettert sein Drachen in die Höhe. Der bunte Schwanz flattert im Wind.
„Das ist unglaublich", staunt Velbi.
„Ja, der Wind hat Riesenkräfte!", lacht Tara und lässt ihren Drachen ebenfalls steigen.
„Eure Luft ist echt stark!", findet Velbi.
„Megastark!", ruft Tom.

„Nachher zeigen wir dir, was die noch alles kann."
Darauf ist Velbi schon ganz gespannt. Vorher möchte er aber erst einmal seinen eigenen Drachen fliegen lassen.

Hilfst du den dreien bei den nächsten Experimenten?

MACH MIT!

Luftkissenboot

Du brauchst:
- einen Plastikbecher
- den Deckel einer Verpackung

Schneide den Boden aus dem Plastikbecher heraus. Nimm dann den Deckel und schneide ein Loch hinein. Das Loch soll gerade so groß sein, dass der Becher hineinpasst. Lass dir dabei helfen! Lege dann den Verpackungsdeckel auf den Boden und setze den Becher auf das Loch. Jetzt pustest du von oben kräftig in den Becher hinein.

Was passiert?
Das „Boot" wird angehoben und bewegt sich. Die Luft versucht unten aus dem Verpackungsdeckel herauszukommen.

Auch Fische brauchen Sauerstoff und müssen atmen. Das Besondere ist: Fische können unter Wasser atmen. Dazu öffnet der Fisch sein Maul und lässt Wasser

Wie atmen Fische?

hineinströmen. Das Wasser fließt dann zu den Kiemen. Kiemen kannst du dir ungefähr vorstellen wie unsere Lungen. Sie befinden sich links und rechts am Kopf der Fische. Die Kiemen können Sauerstoff aus dem Wasser herausfiltern und ihn an das Blut abgegeben. Über das Blut wird der Sauerstoff dann in den ganzen Körper transportiert.

KRAFT DER LUFT

VOLL STARKE LUFT!

Manche Tage im Sommer fühlen sich nicht heiß und sommerlich, sondern nass, windig, kalt und ungemütlich an. So wie heute. Der Regen peitscht gegen die Scheiben.

Velbi, Tom und Tara starren aus dem Fenster. Sie wetten, welcher Regentropfen am schnellsten an der Scheibe runterkullert.

Ein Wettrennen
Wollt ihr ein Bootsrennen machen? Bastelt mehrere Luftkissenboote. Dann blast ihr die Boote um die Wette durch das Zimmer. Welches Boot erreicht am schnellsten das andere Ende?

2

MACH MIT!

Die gefräßige Flasche

Du brauchst:
- eine Karaffe
- ein hart gekochtes, gepelltes Ei
- einen Topflappen
- eine Schüssel mit kaltem Wasser

Spüle die Karaffe mit heißem Wasser aus. Es muss fast kochend heiß sein! Fasse die Karaffe daher nur mit einem Topflappen an. Setze dann sofort das hart gekochte Ei auf den Karaffenhals und stelle das Ganze in die Schüssel mit dem kalten Wasser.

Was passiert?
Als du die Karaffe mit heißem Wasser ausgespült hast, hat sich die Luft darin erhitzt. Wenn du die Karaffe in das kalte Wasser stellst, kühlt sie sich wieder ab.

Wenn Luft sich abkühlt, zieht sie sich zusammen. Da oben das Ei sitzt, entsteht in der Flasche ein Unterdruck. Der hohe Luftdruck außen drückt das Ei mit großer Kraft durch den Hals der Flasche.

FRAG NACH

Wie schnell ist ein Nieser?

Kennst du dieses Gefühl? Plötzlich kitzelt es in der Nase und – haaaatschi! – schon musst du niesen. Doch was passiert beim Niesen eigentlich genau? Wenn es dich in der Nase kitzelt, holst du erst einmal tief Luft und hältst dann den Atem an. Auf diese Weise entsteht ein großer Druck und jagt die angestaute Luft aus Nase und Mund. Dabei kann die Luft genauso schnell werden wie ein Auto auf der Autobahn!

Übrigens:
Weil die Luft beim Niesen so schnell ist, ist es nicht gut, sich beim Niesen die Nase zuzuhalten. Dann sucht sich die Luft nämlich einen anderen Weg: Sie schießt Richtung Ohren. So können Krankheitserreger aus der Nase in die Ohren gelangen.

Wenn man wissen will, wie stark der Wind ist, misst man seine Geschwindigkeit. Dazu benutzt man ein spezielles Windrad. Die Geschwindigkeit, mit der sich dieses Windrad dreht, gibt die Windstärke an.

Wie stark ist der Wind?

▶ Bei Windstärke 3 bewegen sich Äste und Blätter.

▶ Bei Windstärke 7 werden die Bäume geschüttelt. Wenn du läufst, musst du dich gegen den Wind stemmen, um vorwärts zu kommen.

▶ Bei Windstärke 12 bläst der Wind so stark, dass er Bäume herausreißen kann und die Dächer von den Häusern fliegen.